DEUXIÈME Rapport fait à la Société des Hommes Révolutionnaires, le 18 octobre 1793, pour être communiqué, en vertu de son arrêté dudit jour, à la société des Jacobins et à toutes les sociétés populaires.

CITOYENS RÉPUBLICAINS,

La Société des Hommes Révolutionnaires du 10 Août n'a point oublié que c'est par la réunion et l'accord parfait qui a régné entre les sociétés populaires, à l'époque mémorable du 10 août, qu'on est parvenu à sauver la patrie de la conjuration du tyran de la France et des esclaves de l'antique féodalité contre le peuple français.

C'est dans cet esprit qu'elle vous fait part d'un rapport qui lui a été fait à sa séance publique du 18 octobre 1793.

RAPPORT.

CITOYENS,

Vos commissaires se sont réunis samedi, 12 octobre, pour aviser aux moyens de protéger efficacement, en vertu de vos arrêtés, les citoyens domiciliés, poursuivis sous prétexte d'incivisme ou d'hommes suspects.

Pendant leur délibération, la section de Beaurepaire

A

a envoyé une députation à la société, pour se réunir à elle, à l'effet de partager ses louables travaux sur les mesures de sagesse qu'elle a prise contre les arrestations arbitraires.

NOTA. La société populaire des Quinze-Vingt avoit envoyé précédemment une députation pour le même objet.

Vos commissaires vous proposent, en conséquence, d'ordonner que l'arrêté de la section de Beaurepaire soit déposé et inséré au procès-verbal; ils proposent en outre de charger deux de vos membres d'aller témoigner à la section Beaurepaire la juste reconnoissance de la société, de cette démarche fraternelle.

Vos commissaires vous rendent compte, à cette occasion, qu'ils se sont transportés le dimanche, 13 du courant, au comité révolutionnaire de la section des Tuileries, pour demander fraternellement les motifs des diverses arrestations déjà faites, et de celles projettées contre des citoyens domiciliés, qui ont le plus marqués à la révolution du 10 août, lesquels ne sont ni nobles, ni prêtres, ni financiers, ni étrangers, les seuls, sans doute, qu'il soit permis, dans ce moment, de regarder comme suspects.

Vous allez entendre les notes qui ont été données sur le compte de chacun des citoyens dont il s'agit; ils sont au nombre de vingt-six à trente.

Il suffira peut-être de faire remarquer que l'un des proscrits passe pour avoir été protégé par Roland, et que l'un de vos commissaires a appris aux membres composans le comité révolutionnaire des Tuileries, que ce même citoyen n'étoit nullement connu de Roland, lorsqu'un patriote, ignoré alors, et que les sociétés populaires révèrent aujourd'hui, l'a proposé à Roland comme l'homme auquel il devoit accorder sa confiance pour la surveillance du garde-meuble.

C'est ce même citoyen, membre de la commune du 10 août, qui a dénoncé le premier les vols faits à la section des Tuileries, qui a rédigé et signé sa dénonciation comme témoin oculaire.

Un autre est proscrit sous des prétextes vagues, mais dont le vrai motif est d'avoir servi de caution pour procurer la liberté provisoire du premier.

Un autre est poursuivi une seconde fois, après avoir obtenu son élargissement, en vertu d'un arrêté du comité de sûreté-générale qui le justifie plainement. On ajoutera que le procès-verbal qui constate la levée des scellés apposés chez ce citoyen par la section des Tuileries, pourroit servir au besoin de certificat de civisme.

La section des Quinze-Vingt, après s'être convaincu de ces vérités, a pris ce citoyen et quelques autres sous sa sauve-garde.

On observera que les citoyens poursuivis dont il est question ici, sont tous témoins nécessaires dans l'instruction du procès de Daubigny.

Les membres composans les comités actuels de la section des Tuileries, d'après leur déclaration et l'arrêté imprimé qu'ils ont déposés sur le bureau de la société, déclarent et attestent que jamais la section des Tuileries n'a dénoncé le citoyen Daubigny. Cependant votre rapporteur a entre les mains une pièce originale qui prouve le contraire, indépendamment encore du compte imprimé par ordre du conseil-général de la commune de Paris, dans lequel se trouvent relatés les différens procès-verbaux de la section des Tuileries, relativement aux divers objets ou effets du château des Tuileries, qui ont été déposés d'abord entre les mains des président, vice-président, secrétaire et commissaires de cette section, lesquels en ont rendu compte à leur tour à la commune de Paris.

Le citoyen *Daubigny* y est nomément et personnellement accusé d'avoir détourné des effets précieux non déposés, ainsi qu'il est démontré par le paragraphe suivant, extrait du compte imprimé par ordre de la commune, présidé alors par *Cavaignac*, membre de la société des hommes révolutionnaires.

COMMUNE DE PARIS.

EXTRAIT du Rapport des Commissaires Vérificateurs du Compte de la Section des Tuileries. Extrait *du Registre des délibérations du Conseil-Général, du 26 Juin 1793, l'an deuxième de la République.*

LE conseil-général arrête que le rapport des citoyens *Geudicheau* et *Testard-Dubreuil*, concernant les comptes de la section des Tuileries, sera imprimé avec le mandat d'amener, décerné par le citoyen *Panis* contre le citoyen *Daubigny*, et les autres pièces à l'appui, pour servir d'instruction concernant l'administration du comité de surveillance.

Signés, CAVAIGNAC, *Président;*
COULOMBEAU, *Secrétaire-Greffier.*

N°. 18. Une déclaration sans datte, signée Marigny, contenant le bâton royal.	non déposés.
Une cassette avec fraction, sur le côté, contenant des assignats.	
Une paire de flambeaux, à pied de biche, d'or massif, de sept à huit pouces de hauteur, pesant environ huit marcs. . .	

Ce tableau présente des soustractions d'effets et une dilapidation dont la section des Tuileries se trouve responsable, quoiqu'elle ne provienne que du fait de quelques membres infidèles, dont la section n'a pu découvrir le nombre.

Un seul n'avoit pu échapper à sa surveillance. Le sieur *Daubigny*, commissaire de la section des Tuileries, avoit été dénoncé, comme ayant détourné beaucoup d'objets provenant du château des Tuileries.

Il paroît, par le procès-verbal de l'assemblée générale de la section, en datte du 27 août, que *Daubigny*, après y avoir subi un interrogatoire, avoit été mis en état d'arrestation et que les scellés furent apposés dans sa maison.

Pour éclairer la religion dudit conseil général, vos commissaires se sont transportés à l'hôtel de la Force, et y ont compulsé les registres des écroux des prisonniers qui y avoient été détenus à l'époque dont il s'agit, et des ordres en vertu desquels ils avoient été élargis.

Il est constaté, par le registre des écroux, que le 28 août dernier, *Daubigny* a été constitué prisonnier à l'hôtel de la Force, et qu'en vertu d'un mandat d'amener en datte du 2 septembre suivant, signé des administrateurs du comité de surveillance de la mairie, il a été réintégré dans les prisons de la Force, et le régistre n'en est pas déchargé.

Le concierge a déclaré que *Marat* étoit venu parler à *Daubigny*, pendant qu'il étoit à la Force, et peu de jours avant qu'il ne fut conduit à la mairie ; que depuis ce tems il ignore ce qu'est devenu *Daubigny*.

Cependant il est constant que la section des Tuileries se trouve dans une position fâcheuse. Elle a reçu en dépôt une quantité d'effets précieux ; elle en a elle-même déposé une partie à la trésorerie de la commune, et le surplus a disparu, sans que la section des Tuileries puisse rendre compte de ce qu'il peut être devenu.

La dénonciation faite contre Daubigny, et les mesures prises contre lui par la section des Tuileries n'avoient que trop de fondement, puisque Daubigny, au lieu de profiter de la liberté qui lui avoit été illégalement accordée par le comité de surveillance de la mairie, pour se justifier, a pris la fuite, après s'être souillé d'un nouveau délit, que son élargissement des prisons de la Force lui a facilité le moyen de commettre. Daubigny a brisé les scellés que la section avoit fait apposer dans sa maison ; il en a soustrait les preuves de son infidélité, et accablé par-là la section en entier du poids d'une responsabilité qui ne devoit pèser que sur lui seul.

La section des Tuileries ne sauroit être justement soupçonnée d'intelligence dans la dilapidation des effets qui lui avoient été déposés. Elle ne sauroit non-plus être accusée de négligence ; elle avoit mis sous la main de la loi l'auteur de ces dilapidations, et une autorité éphémère, dilapidatrice elle-même, l'a soustrait à la responsabilité, en l'enlevant de la maison d'arrêt où il avoit été constitué prisonnier.

La section des Tuileries n'a pas été indifférente sur cet abus d'autorité; elle l'a dénoncé au conseil général par une délibération prise, le 29 novembre, dans une assemblée générale.

Mais que pouvoit alors le conseil général, déjà occupé à rassembler les preuves de toutes les malversations commises par l'administration du comité de surveillance de la Mairie. La conduite de Panis et de ses coopérateurs à l'égard de Daubigny justifie de plus en plus le fondement de la dénonciation qu'a dû faire le conseil général de ces mandataires prévaricateurs.

Signé, *Goudicheau, Testart - Dubreuil.*

On oppose à tous ces faits une déclaration du juré d'accusation, citée par la section des Tuileries, laquelle ajoute qu'elle n'a jamais accusé Daubigny.

Ce qui implique contradiction.

Le compte imprimé, en date du 26 juin 1793, fait connoître que la section des Tuileries, à l'époque du 10 août, 1792, a fait tous les actes d'accusation, de dénonciation et d'arrestation contre Daubigny, et la déclaration du juré d'accusation que votre rapporteur a demandé jusqu'ici inutilement, par laquelle Daubigny est censé déchargé, est datée du 26 mai, c'est-à-dire, un mois avant la publication du compte imprimé de la section des Tuileries.

Ce qui feroit croire que les membres qui composent les comités actuels, n'ont aucune connoissance du compte imprimé, ainsi que des délibérations de leur section, à l'époque mémorable du 10 août 1792.

Voilà pourquoi, sans doute, le juré d'accusation n'a pu avoir aucune des pièces nécessaires pour informer sur l'affaire de Daubigny.

Delà est résulté l'erreur très-capitale qui fait croire au prétendu jugement qui renvoye Vilain Daubigny, absou de l'accusation portée contre lui. Delà, la surprise faite à la religion de la convention nationale, et très-particulièrement à celle de ses membres qui ont porté Daubigny à la place d'adjoint du ministre de la guerre.

Citoyens, vous voyez de quelle manière l'intrigue parvient à corrompre, à dénaturer les faits les plus importans. C'est ainsi qu'on trouve le moyen d'inculquer aux citoyens distraits et sur-tout aux ignorans, que tel a la réputation d'un patriote ardent, tandis qu'il n'est souvent qu'un intrigant, pour ne pas dire un agent secret des conspirateurs en chef.

Nota. On joint ici copie d'une lettre adressée à la société des Hommes révolutionnaires du 10 août, par le comité révolutionnaire de la section de l'Homme-Armé avec son observation. Chaque citoyen pourra en faire l'application ; on remarquera seulement que l'abbé d'Alais passe pour être parent de l'émigré maréchal de Castries.

Mais la société des Hommes Révolutionnaires est trop attentive à tout ce qui intéresse la chose publique, pour laisser échapper à sa surveillance une affaire de cette importance ; elle ne souffrira pas que le crime triomphe au détriment de la vérité et de la liberté des citoyens qui ont le courage de mettre au grand jour cette vérité qui seule peut sauver la république.

D'après ces considérations, votre rapporteur conclud à ce que ce rapport soit communiqué aux sociétés populaires; il vous propose en même tems d'autoriser vos commissaires à se transporter à la société des jacobins pour y demander leur réunion à celle des commissaires de cette société. Cette réunion devient d'autant plus nécessaire, que vous avez plus d'un patriote domicilié à réclamer au comité de sûreté générale de la convention nationale. Vos commissaires verront aussi les patriotes Roberspierre et Billaud de Varennes, pour éclairer leur religion surprise à l'égard de Daubigny, recommandé par ce premier au ministre de la guerre.

Cette dernière mesure vous est proposée pour faire connoître à Roberspierre que les citoyens qui composent la société des Hommes Révolutionnaires, a encore présent à l'esprit la lutte fameuse que ce député a soutenu seul constammeut pendant deux ans, en démasquant aux jacobins les grands conspirateurs, tels que Brissot et autres esclaves royalistes, relativement à la guerre offensive qui a prévalu au grand regret des citoyens clairvoyans; ce qui cause en ce moment tous les maux de la France, et met en danger la république.

Citoyens républicains, vous voyez quel est l'objet de notre mission; malgré la gravité du sujet, nous vous prions de croire que nous ne voulons rien préjuger sur le compte de Daubigny, jusqu'à ce que vous ayez vous-même manifesté votre opinion. Notre but unique est d'obtenir sûreté, protection et liberté, en faveur des citoyens domiciliés qui sont opprimés dans ce moment. Nous vous rappellons que c'en est fait de l'unité de la république, si vous souffrez qu'on mutile, qu'on anéantisse la déclaration des droits de l'homme, la seule égide d'un peuple libre.

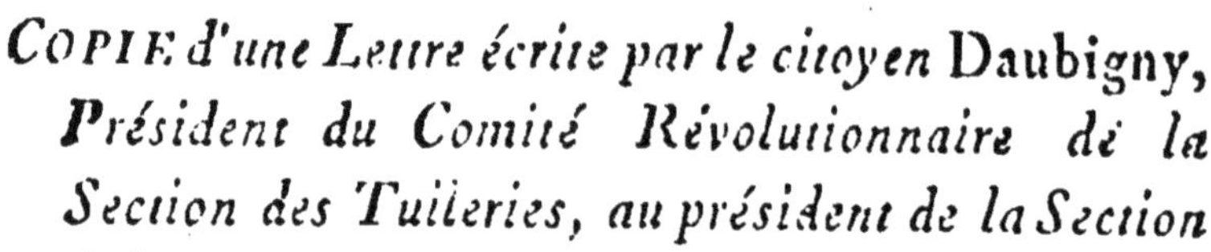

COPIE d'une Lettre écrite par le citoyen Daubigny, *Président du Comité Révolutionnaire de la Section des Tuileries, au président de la Section de l'Homme-Armé, le vingt-deuxième jour du premier mois de la république, une et indivisible.*

JE vous écris, mon cher collégue, en faveur d'un citoyen qui a été arrêté, par ordre de votre comité, comme suspect, le citoyen Bréard dit Alais; la démarche qu'il a fait auprès de vous en allant lui-même vous dire, que malgré que sa conduite et ses opinions politiques n'aient jamais pu le faire considérer comme suspect, néanmoins, si la loi l'exigeoit, il étoit prêt à s'y soumettre, a dû vous faire présumer qu'il n'étoit rien moins qu'ennemi du nouvel ordre de chose, m... si cette considération n'étoit pas suffisante, son état de surdité presqu'absolue, et sa maladie presque habituelle ne laissoit aucun doute à cet égard; cependant comme il est dedans actuellement, il ne faut plus s'occuper des raisons qui l'y ont fait mettre, mais bien de celles qui peuvent vous engager à demander sa sortie; vous les trouverez ces moyens dans sa surdité presque totale, car tout le monde sait bien qu'un sourd n'est pas plus propre à être conspirateur qu'à les découvrir, car si l'esclave qui découvrit la conjuration des fils de Brutus, contre Rome, eût été sourd, c'en étoit fait de sa liberté.

Je desire bien que ces considérations vous déterminent à le faire sortir, c'est une obligation que je vous aurai, car connoissant ce citoyen depuis long-tems et ses principes sur la révolution, je ne puis me refuser à lui rendre hommage auprès de vous de qui je suis bien fraternellement, votre concitoyen, signé DAUBIGNY *président du comité révolutionnaire de la section des Tuileries.*

Pour copie conforme, *signé* Boucotte, commissaire révolutionnaire; *signés*, Bréjad, *idem*; Krubert, *idem*; Savard, *idem*; Chalandon, *idem*; Tresson, secrétaire et Potin, président du comité révolutionnaire de la section de l'Homme-armée.

OBSERVATIONS DUDIT COMITÉ.

Le citoyen Breard, abbé d'Alais; a été arrêté par délibération des deux comités réunis de la section de l'Homme-Armé, comme suspect d'être ci-devant noble sans preuve personnelle de civisme, prêtre et ci-devant gros bénéficier, n'a pu justifier de son serment ecclésiastique. Pour copie conforme au procès-verbal d'arrestation. *Signés*, Brejard, commissaire; Chalandon, *idem*; Krubert, *idem*; Boucotte, *idem*; Savard, *idem*; Tresson, secrétaire, et Potin, président.

Voyez le nota, *page* 8.

De l'Imprimerie d'HÉBERT et MARQUET, rue Neuve de l'Égalité, Cour des Miracles.

www.ingramcontent.com/pod-product-compliance
Ingram Content Group UK Ltd.
Pitfield, Milton Keynes, MK11 3LW, UK
UKHW020501220726
13923UKWH00006B/2692

9 782019 302269